училище - sikolwa	2
пътуване - kuhamba	5
транспорт - kwetfutsa	8
град - lidolobha lelikhulu	10
пейзаж - libala	14
ресторант - sitolo sekudla	17
супермаркет - isuphamakethe	20
напитки - tinatfo	22
ядене - kudla	23
селски двор - lipulazi	27
къща - indlu	31
всекидневна - indzawo yamabonakudze	33
кухня - likhishi	35
баня - likamelo lekugezela	38
детска стая - likamelo lemntfwana	42
облекло - timphahla tekugcoka	44
офис - lihhovisi	49
икономика - umnotfo	51
професии - tikhundla	53
инструменти - emathulusi	56
музикални инструменти - insimbi yemculo	57
зоологическа градина - i-zoo	59
спорт - temidlalo	62
дейности - imisebenti	63
семейство - umndeni	67
тяло - umtimba	68
болница - sibhedlela	72
спешен случай - simo lesiphutfumako	76
Земя - Umhlaba	77
часовник - liwashi	79
седмица - liviki	80
година - umnyaka	81
форми - kubumbeka kwetintfo	83
цветове - imibala	84
противоположности - lokwehlukile	85
числа - tinombolo	88
езици - tilwimi	90
кой / какво / как - ngubani / ini / njani	91
къде - kuphi	92

Impressum
Verlag: BABADADA GmbH, Nedderfeld 112 , 22529 Hamburg
Geschäftsführer / Verlagsleitung: Harald Hof
Druck: Books on Demand GmbH, In de Tarpen 42, 22848 Norderstedt

Imprint
Publisher: BABADADA GmbH, Nedderfeld 112 , 22529 Hamburg, Germany
Managing Director / Publishing direction: Harald Hof
Print: Books on Demand GmbH, In de Tarpen 42, 22848 Norderstedt

училище
sikolwa

- класна стая / likilasi
- деление / hlukanisa
- 186/2
- черна дъска / libhodi
- училищен двор / ligceke lesikolwa
- учител / thishela
- хартия / liphepha
- пиша / bhala
- химикал / ipeni
- бюро / lideski
- линеал / i-ruler
- книга / incwadzi
- ученик / umuntfu

ученическа раница

sikhwama setincwadzi tesikolwa

ученически несесер

sikhwanyana semapenisela

молив

ipenisela

острилка за моливи

umshini wekulolo ipenisela

гума

i-rubber

блок за рисуване

intfo yekudvweba

училище - sikolwa

рисунка
umdvwebo

четка
libhulashi lekupenda

акварелни бои
libhokisi lekupenda

ножица
tikelo

лепило
i-glue

тетрадка за упражнения
incwadzi yekutadisha

домашна работа
umsebenti wasekhaya

число
inombolo

събиране
hlanganisa

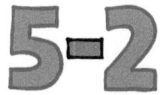

изваждане
susa

умножение
phindzaphidza

смятане
bala

буква
incwadzi

азбука
feleba

дума
ligama

училище - sikolwa

текст
umbhalo

чета
fundza

тебешир
ishogo

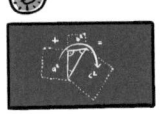
час
sifundvo

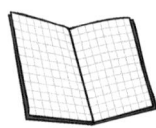
дневник на класа
i-register

изпит
sivivinyo sekugcina

свидетелство
sitifiketi

ученическа униформа
timphahla tesikolwa

образование
imfundvo

справочник
i-ensaklopheda

университет
inyuvesi

микроскоп
sipopolo

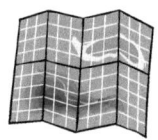
карта
libalave

кошче за хартиени отпадъци
libhakede lekulahla emaphepha

училище - sikolwa

пътуване

kuhamba

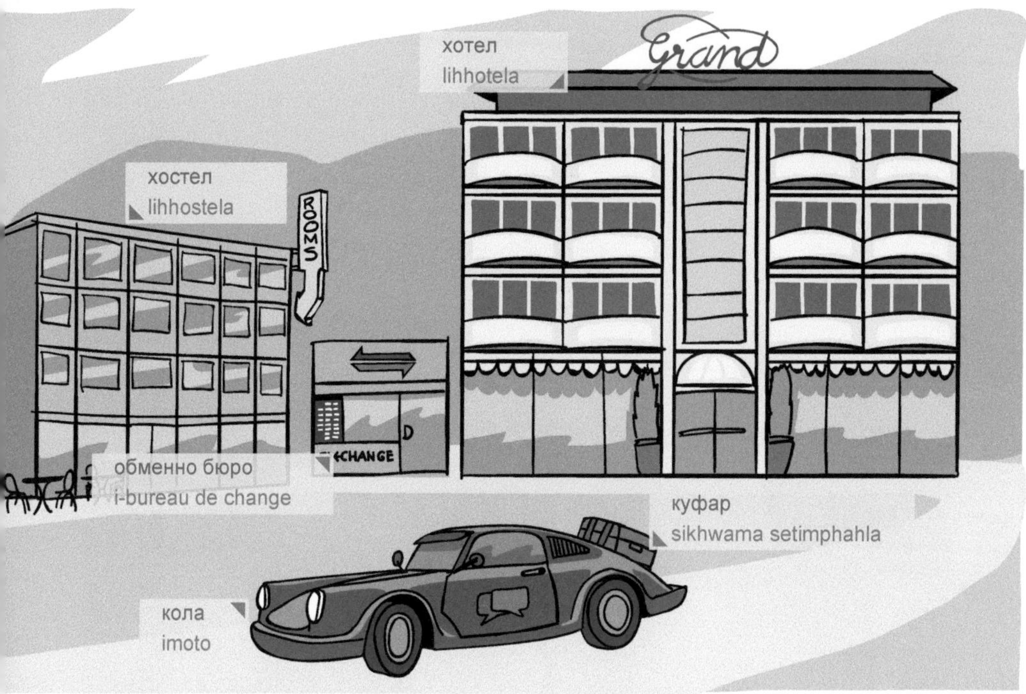

Grand
хотел
lihhotela
хостел
lihhostela
ROOMS
обменно бюро
i-bureau de change
куфар
sikhwama setimphahla
кола
imoto

език

lulwimi

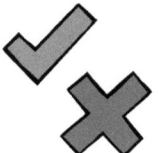

да / не

yebo / cha

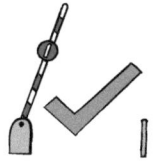

Окей

Kulungile

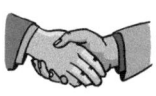

здравей

sawubona

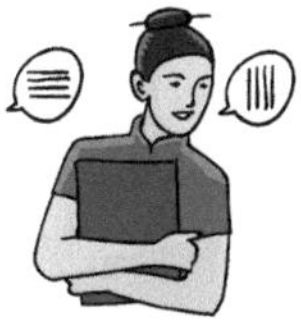

преводач

umhumushi

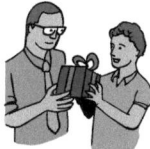

Благодаря

Siyabonga

Колко струва...?
ingumalini i....?

Не разбирам
angivisisi kahle

проблем
inkinga

Добър вечер!
Lishonile!

Добро утро!
Kusile!

Лека нощ!
Ulale kahle!

довиждане
sala kahle

посока
sicondziso

багаж
umtfwalo

пътна чанта
sikhwama

раница
sikhwama lesigacwako

посетител
sivakashi

стая
likamelo

спален чувал
sikhwama sekulala

палатка
lithende

пътуване - kuhamba

туристическа информация
imininingwane yetivakashi

плаж
ibhishi

кредитна карта
likhadi lemali

закуска
kudla kwasekuseni

обед
kudla kwasemini

вечеря
kudla kwantsambama

билет
lithikithi

асансьор
i-lift

пощенска марка
sitembu

граница
umcele

митница
emakhasimende

посолство
i-embasi

виза
i-visa

паспорт
ipasipoti

пътуване - kuhamba

транспорт
kwetfutsa

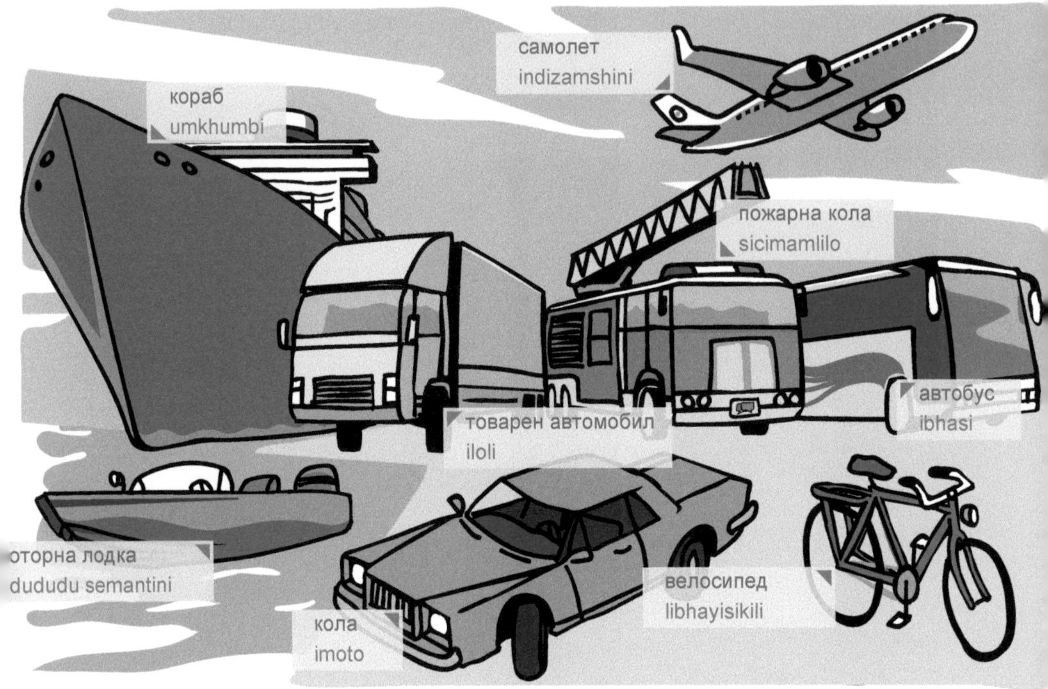

- самолет / indizamshini
- кораб / umkhumbi
- пожарна кола / sicimamlilo
- товарен автомобил / iloli
- автобус / ibhasi
- оторна лодка / dududu semantini
- кола / imoto
- велосипед / libhayisikili

ფерибот
i-ferry

лодка
sikebhe

мотоциклет
sidududu

полицейска кола
imoto yemaphoyisa

състезателна кола
imoto yemjaho

кола под наем
imoto yekucashisa

каршеринг
kubolekana imoto

автомобил от "Пътна помощ"
i-breadown

сметовоз
iloli yetibi

двигател
imoto

бензин
phethiloli

бензиностанция
ligalaji laphethiloli

пътен знак
luphawu lwemgwaco

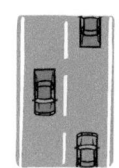

улично движение
incumbi yetimoto

задръстване
incumbi yetimoto letime emngwacweni

паркинг
ipaki yemoto

гара
siteshi sesitimela

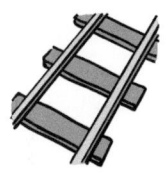

релси
imizila

влак
sitimela

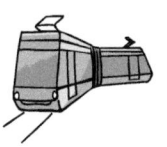

трамвай
i-tram

вагон
inkalishi

хеликоптер
indiza lenaphephela emhlane

аерогара
sikhungo setindiza

кула
imoto yekudvonsa letibhajiwe

пасажер
bagibeli

контейнер
intfo yekutfwala

кашон
likhathoni

ръчна количка
i-cart

кошница
bhasikidi

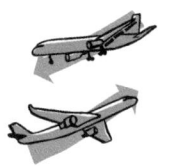

излитам / приземявам се
kusuka / kwehla

град
lidolobha lelikhulu

село
umuti

градски център
ekhatsi nelidolobha

къща
indlu

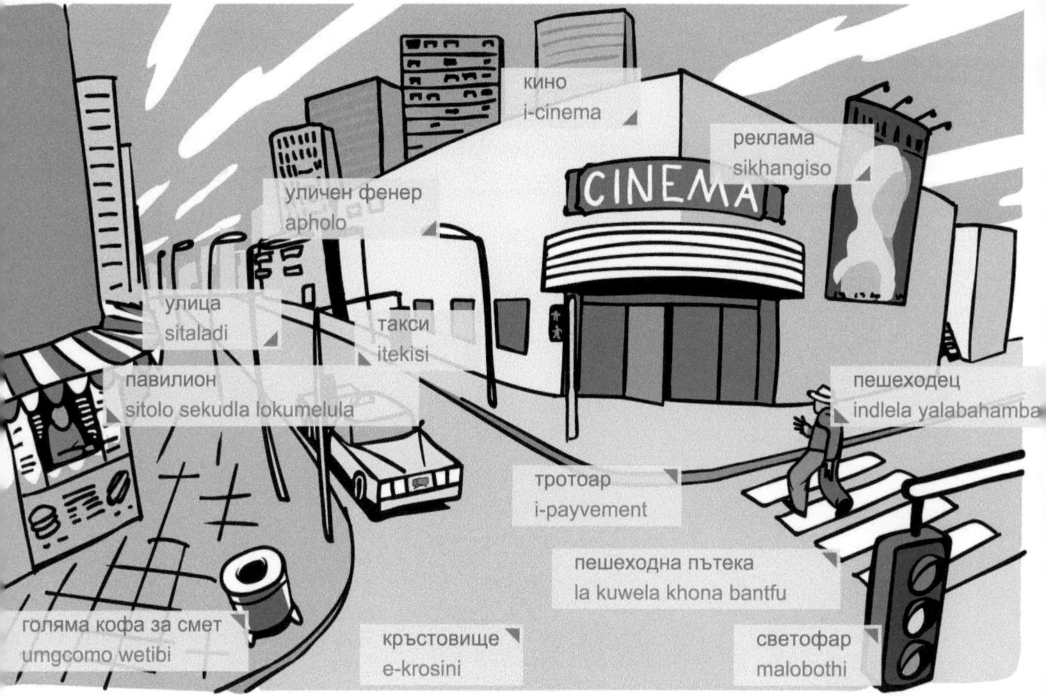

кино
i-cinema

реклама
sikhangiso

уличен фенер
apholo

улица
sitaladi

такси
itekisi

павилион
sitolo sekudla lokumelula

пешеходец
indlela yalabahamba

тротоар
i-payvement

пешеходна пътека
la kuwela khona bantfu

голяма кофа за смет
umgcomo wetibi

кръстовище
e-krosini

светофар
malobothi

хижа
gucasthandaze

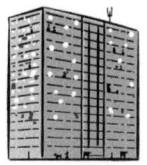

жилище
lifulethi

гара
siteshi sesitimela

кметство
lihholwa lasedolobheni

музей
imnyusiyamu

училище
sikolwa

град - lidolobha lelikhulu

университет
inyuvesi

банка
libhange

болница
sibhedlela

хотел
lihhotela

аптека
ikhemisi

офис
lihhovisi

книжарница
sitolo setincwadzi

магазин за цветя
sitolo

магазин за цветя
lotsengisa timbali

супермаркет
isuphamakethe

пазар
imakethe

универсален магазин
litiko letitolo

търговец на риба
batsengisi betimfishi

търговски център
luchungechuge lwetitolo

пристанище
sikhungo

град - lidolobha lelikhulu

парк
lipaki

пейка
libhentji

мост
libhuloho

стълба
titezi

метро
ngephansi kwemhlaba

тунел
umhume

автобусна спирка
siteshi sebhasi

бар
sitolo setjwala

ресторант
sitolo sekudla

пощенска кутия
libhokisi leliposi

улична табелка
luphawu lwemgwaco

часовник за паркинг престой
umshini lobala sikhatsi sekupaka

зоологическа градина
i-zoo

плувен басейн
i-swimming pool

джамия
lisontfo lemasulumane

град - lidolobha lelikhulu

селски двор
lipulazi

замърсяване на околната среда
kugcolisa umoya

гробище
emathuna

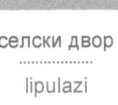

църква
lisontfo

детска площадка
inkhundla yetemidlalo

храм
lithempeli

пейзаж
libala

листо — licembe
пътепоказател — luphawu lwemgwaco
път — indlela
ливада — umshiya
камък — litje
дърво — sihlahla
пътешественик — lohamba indlela lendze ngetinyawo
река — umfula
трева — tjani
цвете — imbali

пейзаж - libala

долина
sihosha

планина
ligcuma

море
lidanyana

гора
lihlatsi

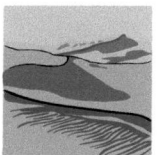

пустиня
lihlane

вулкан
intsabamlilo

замък
umhlambi wetinkhomo

дъга
umushi wenkhosatane

гъба
likhowa

палма
sihlahla semphayini

комар
imbuzulwane

муха
kundiza

мравка
intfutfwane

пчела
inyosi

паяк
sayobi

пейзаж - libala

бръмбар
inkhubabulongo

жаба
sicoco

катеричка
chakijane

таралеж
ingungumbane

заек
lolunye luhlobo lwalogwaja

кукумявка
sikhova

птица
inyoni

лебед
i-swan

диво прасе
ingulube yesiganga

елен
inyamatane

лос
i-moose

бент
lidamu

вятърна турбина
i-wind turbine

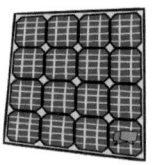
соларен модул
i-solar panel

климат
simo selitulu

пейзаж - libala

ресторант
sitolo sekudla

келнер
waiter

меню
luhla lwekudla

стол
situlo

супа
lisobho

пица
i-pizza

покривка за маса
indvwangu yelitafula

прибори за хранене
tipuni imimese netimfologo

предястие
kudla lokusicalo

основно ястие
kudla locinile

десерт
idizethi

напитки
tinatfo

ядене
kudla

бутилка
libhodlela

бързо хранене

kudla lokusheshako

улична храна

kudla kwasemngwacweni

кана за чай

ligedlela lelitiye

кутия за захар

indishi yashukela

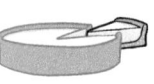

порция

incenye

еспресо машина

umshini we-espresso

висок детски стол

situlo lesiphakeme

сметка

ibhili

табла

li-tray

ножица за нокти

umukhwa

вилица

imfologo

лъжица

sipuni

чаена лъжичка

sipuni lesincane

салфетка

ithishu yetandla

стъклена чаша

ligilasi

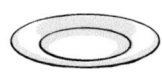 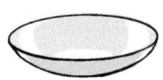 

чиния	чиния за супа	чинийка
lipuleti	lipuleti lelisobho	lipringi

 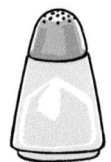 

сос	солница	мелничка за черен пипер
i-sauce	libhodvo lasawoti	i-pepper mill

оцет	олио	подправки
niniga	emafutsa awoyela	tipayisi

кетчуп	горчица	майонеза
i-ketchup	i-mustard	mayonasi

супермаркет
isuphamakethe

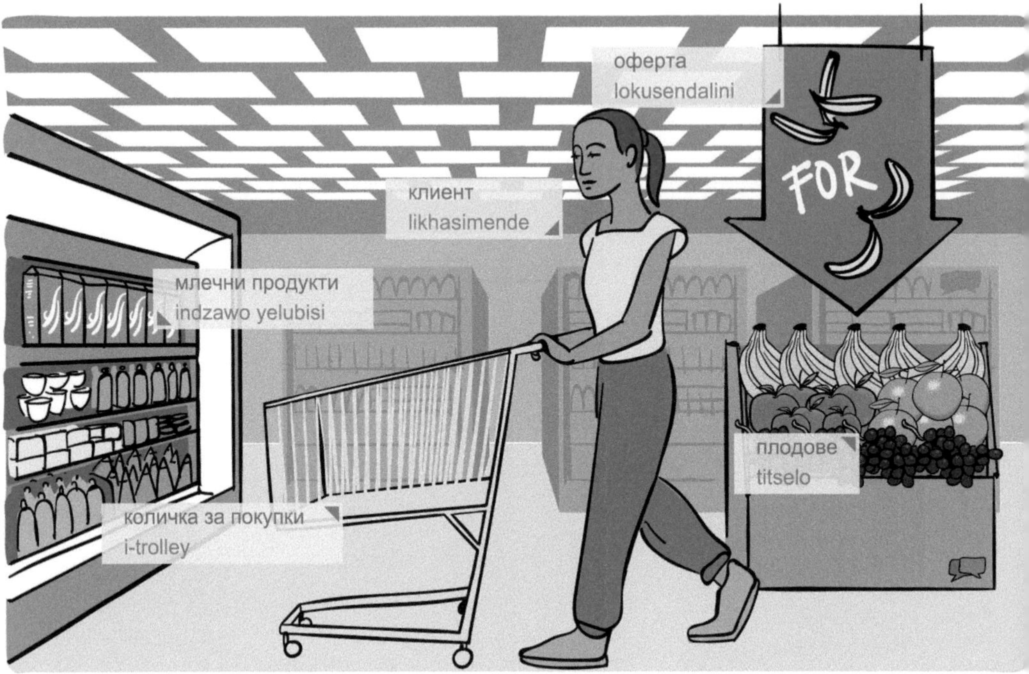

оферта
lokusendalini
клиент
likhasimende
млечни продукти
indzawo yelubisi
плодове
titselo
количка за покупки
i-trolley
FOR

BUTCHERS

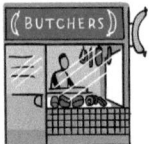

кланица

ibhushari

BAKERY

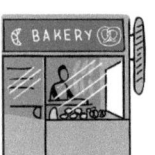

хлебарница

i-baker

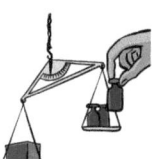

тегля

kala

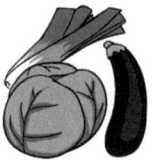

зеленчуци

tibhidvo

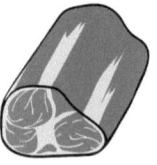

месо

inyama

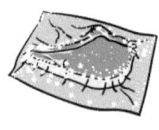

дълбоко замразена храна

kudla lokucandzisiwe

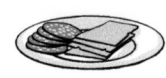

нарязан колбас или сирене
inyama lebandzako

консерви
kudla likusemathinini

перилен препарат
insipho yekuwasha

лакомства
emaswidi

домакински изделия
tintfo tasekhaya

почистващи препарати
imitsi yekukolobha

продавачка
umuntfu lotsengisako

каса
endzaweni yekubhadala

касиер
umtsengisi

списък на покупките
uhla lwetintfo tekutsengwa

работно време
ema-awa ekuvula

портфейл
sipatji

кредитна карта
likhadi lemali

чанта
sikhwama

пластмасова торба
sikhwama seshekhasi

супермаркет - isuphamakethe

напитки
tinatfo

вода
emanti

сок
ijuzi

мляко
lubisi

кола
ikhokhi

вино
liwani

бира
ibhiya

алкохол
tjwala

какао
ikhokho

чай
litiye

кафе машина
likhofi

еспресо
i-espresso

капучино
i-cappuccino

ядене
kudla

банан
bhanana

ябълка
lihhabhula

портокал
liwolintji

пъпеш
melon

лимон
ilemoni

морков
emavondlela

чесън
galiki

бамбук
i-bamboo

лук
anyanisi

гъба
emakhowa

ядки
emantongomane

макарони
ema-noodles

спагети
sipageti

ориз
lilayisi

салата
isaladi

пържени картофи
emashibusi

печени картофи
emazambane lafrayiwe

пица
i-pizza

хамбургер
i-burger

сандвич
isengwishi

шницел
inyama lefulawe netimvitsi tesinkhwa

шунка
i-ham

траен колбас
isalami

салам
livosi

пиле
inyama yenkhukhu

печено
lokufrayiwe

риба
imfishi

ядене - kudla

овесени ядки
i-oats

мюсли
imusili

корнфлейкс
ema-cornflakes

брашно
fulawa

кроасан
ema-croissant

хлебчета
sinkhwa

хляб
sinkhwa

препечена филийка
linkhwa lesithosiwe

бисквити
emabhisikidi

масло
bhotela

извара
i-curd

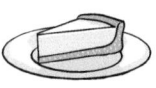

сладкиш
likhekhe

яйце
emacandza

яйца на очи
emacandza lafulayiwe

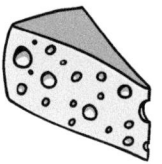

сирене
ishizi

ядене - kudla

сладолед
i-ice cream

захар
shukela

мед
luju

мармалад
jamu

нуга крем
shokolethi

къри
ikheri

селски двор
lipulazi

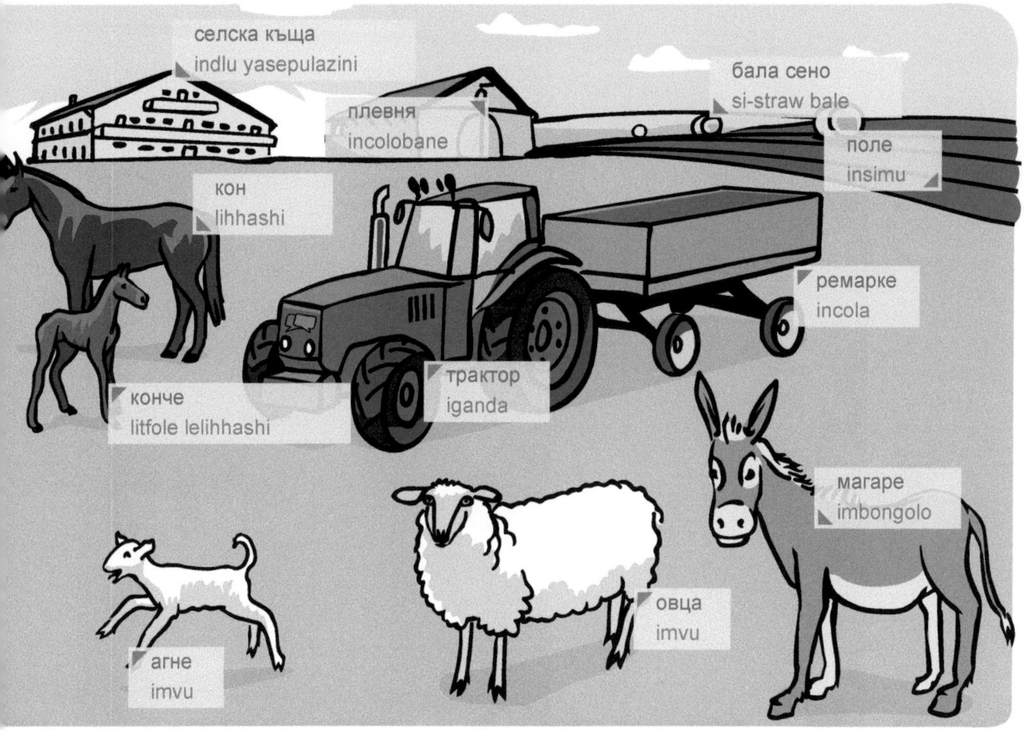

селска къща — indlu yasepulazini
плевня — incolobane
бала сено — si-straw bale
поле — insimu
кон — lihhashi
ремарке — incola
конче — litfole lelihhashi
трактор — iganda
магаре — imbongolo
овца — imvu
агне — imvu

коза
imbuti

крава
inkhomo

теле
litfole

свиня
ingulube

прасенце
ingulutjana

бик
inkhunzi

селски двор - lipulazi

гъска
lihansi

патица
lidada

пиленце
lintjwele

кокошка
sikhukhukati

петел
lichudze

плъх
ligundvwane

котка
likati

мишка
ligundvwane lelincane

вол
inkhunzi

куче
inja

кучешка колиба
indlu yenja

градински маркуч
liphayiphi lemanti asengadzini

лейка
libhakede lemanti

коса
i-scythe

плуг
likhuba leganda

селски двор - lipulazi

сърп
lisikela

мотика
likhuba

вила за тор
imfologo yetjani

брадва
lizembe

ръчна количка
libhala

корито
litrofula

съд за мляко
iromkani

чувал
lisaka

ограда
ifenisi

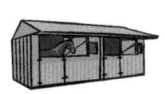

обор
sitebele

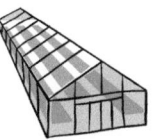

парник
indlu leluhlata

земя
umhlabatsi

сеитба
imbewu

тор
sivundzisi

комбайн
bavuni

селски двор - lipulazi

29

жъна
vuna

реколта
sivuno

ямс
i-yams

жито
likhula

соя
isoyi

картоф
lizambane

царевица
sibhuluja sembila

рапица
i-rapeseed

овощно дърво
sihlahla setitselo

маниока
bhatata

зърнени храни
ema-cereals

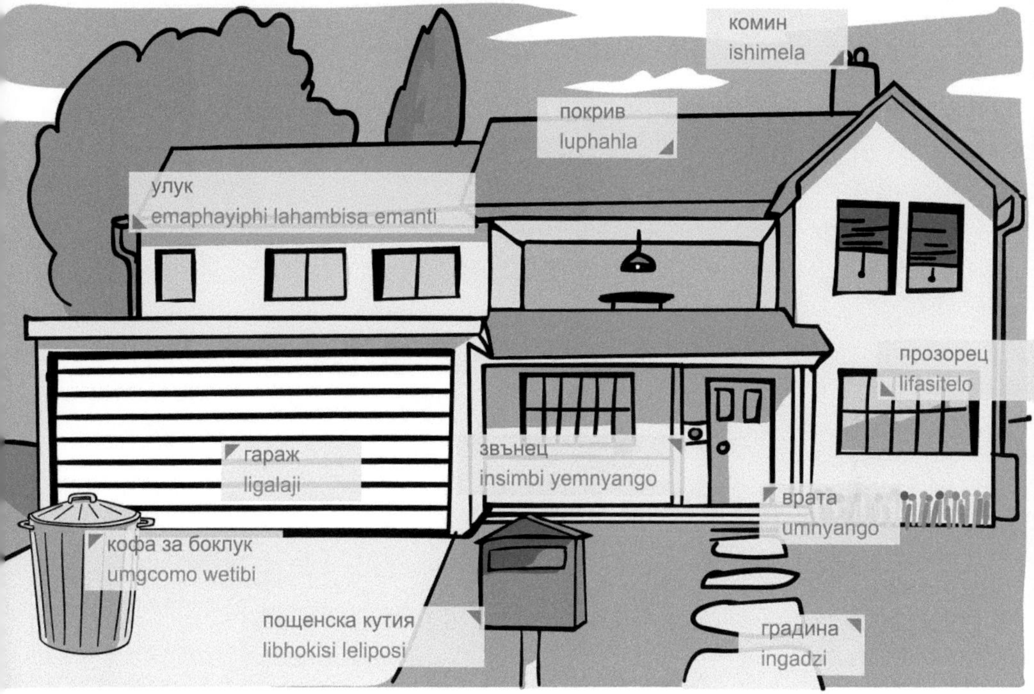

къща
indlu

комин
ishimela

покрив
luphahla

улук
emaphayiphi lahambisa emanti

прозорец
lifasitelo

гараж
ligalaji

звънец
insimbi yemnyango

врата
umnyango

кофа за боклук
umgcomo wetibi

пощенска кутия
libhokisi leliposi

градина
ingadzi

всекидневна

indzawo yamabonakudze

баня

likamelo lekugezela

кухня

likhishi

спалня

likamelo

детска стая

likamelo lemntfwana

трапезария

ligumbu lekudlela

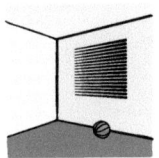

под
siyilo

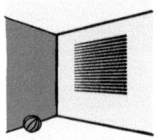

стена
lubondza

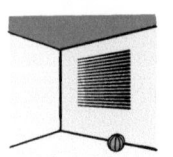

таван
isilingi

изба
i-cellar

сауна
i-sauna

балкон
umpheme

тераса
libala

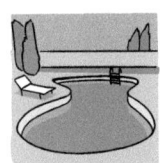

плувен басейн
lidamu lekududa

косачка
umshini wetjani

спално бельо
lishidi

покривка за легло
ibhedspredi

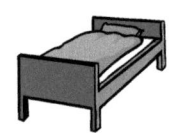

легло
umbhedze

метла
umshanelo

кофа
libhakede

електрически ключ
iswishi

къща - indlu

всекидневна
indzawo yamabonakudze

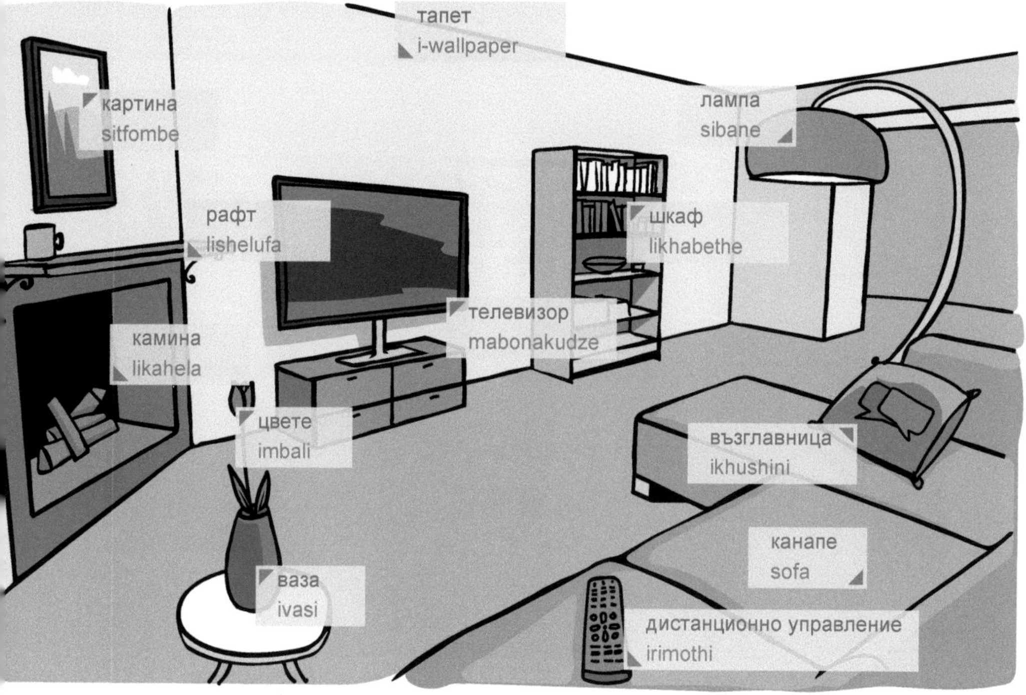

- тапет — i-wallpaper
- картина — sitfombe
- лампа — sibane
- рафт — lishelufa
- шкаф — likhabethe
- камина — likahela
- телевизор — mabonakudze
- цвете — imbali
- възглавница — ikhushini
- ваза — ivasi
- канапе — sofa
- дистанционно управление — irimothi

килим
imadi yendlu

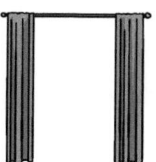

завеса
likhetheni

маса
litafula

стол
situlo

люлеещ се стол
situlo sangephandle

кресло
situlosemikhono

книга
incwadzi

одеяло
ingubo

декорация
umhlobiso

дърва за отопление
tinkhuni tekubasa

филм
lifilimu

стерео уредба
igumbagumba

ключ
tikhiya

вестник
liphephandzaba

живопис
pende

постер
likhadi laselubondzeni

радио
iwayilensi

бележник
kwekutsa emaphuzu

прахосмукачка
i-hoover

кактус
sitjalo lokutsiwa yi-cactus

свещ
likhandlela

всекидневна - indzawo yamabonakudze

кухня
likhishi

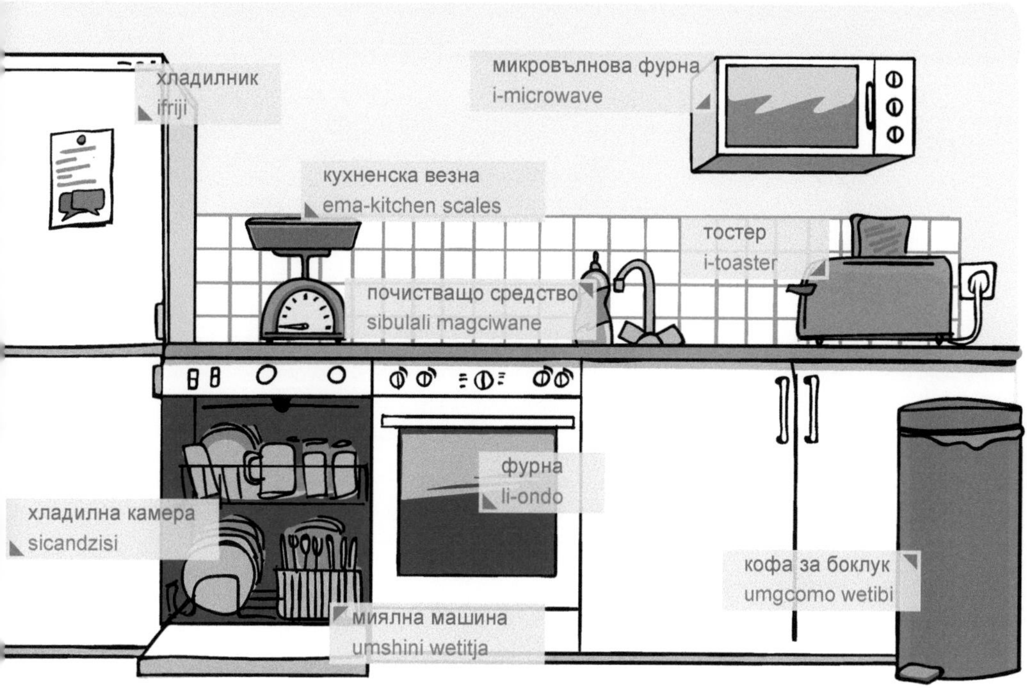

- хладилник — ifriji
- микровълнова фурна — i-microwave
- кухненска везна — ema-kitchen scales
- тостер — i-toaster
- почистващо средство — sibulali magciwane
- хладилна камера — sicandzisi
- фурна — li-ondo
- кофа за боклук — umgcomo wetibi
- миялна машина — umshini wetitja

готварска печка
umpheki

тенджера
libhodvo

желязна тенджера
i-cast-iron pot

уок / кадаи
i-wok /kadai

тиган
lipani

кана за затопляне на вода
ligedlela

уред за готвене на пара
i-steamer

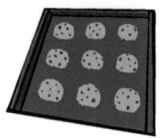

тава за печене
lipani lekubhaka

съдове
i-crockery

чаша
imagi

купа
indishi

клечки за хранене
tindvukwana tekujuba

черпак
i-landle

лопатка за тиган
si-spatula

тел за разбиване (на яйца, белтъци)
i-whisk

кошница за варене
i-strainer

гевгир
i-sieve

ренде
i-grater

хаван
i-mortar

барбекю
i-barbecue

огнище
umlilo lovulekile

кухня - likhishi

дъска
libhodi lekujuba kudla

точилка
i-rolling pin

тирбушон
i-corkscrew

кутия
likani

отварачка за консерви
lithulusi lekuvala likani

кухненска ръкохватка
intfo yekubeka emabhodvo

мивка
izinki

четка
libhulashi

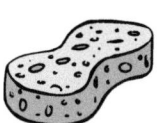

гъба
sipontji

миксер
i-blender

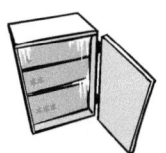

фризер
i-deep freezer

бебешко шише
libhodlela lemntfwana

воден кран
impompi

кухня - likhishi

баня
likamelo lekugezela

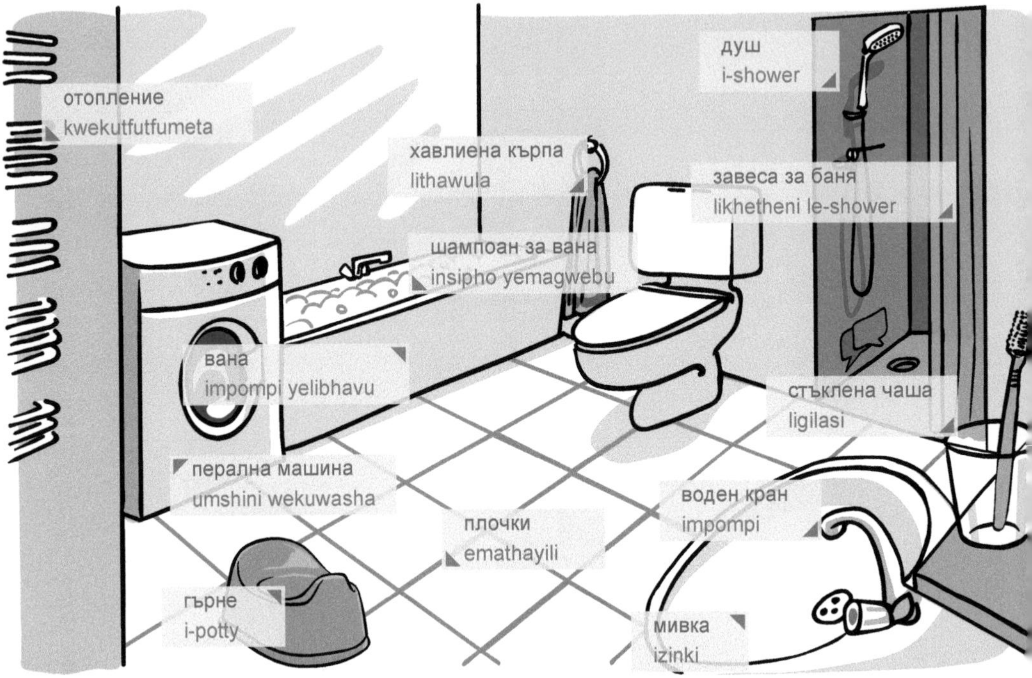

- душ / i-shower
- отопление / kwekutfutfumeta
- хавлиена кърпа / lithawula
- завеса за баня / likhetheni le-shower
- шампоан за вана / insipho yemagwebu
- вана / impompi yelibhavu
- перална машина / umshini wekuwasha
- стъклена чаша / ligilasi
- плочки / emathayili
- воден кран / impompi
- гърне / i-potty
- мивка / izinki

тоалетна
umthoyi

клекало
libhodvo lemthoyi

биде
i-bidet

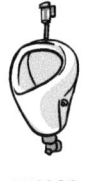

писоар
umnchamo

тоалетна хартия
ithishu

четка за тоалетна
libhulashi lemthoyi

четка за зъби
libhulashi lematinyo

паста за зъби
insipho yematinyo

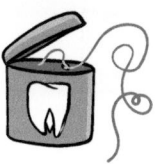

конец за зъби
intsambo yekuhlanta ematinyo

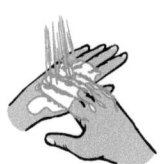

мия
washa

ръчен душ
liphayiphu le-shower lelibanjwa ngetandla

интимен душ
i-douche

леген
i-basin

четка за гръб
libhulashi lemgogodla

сапун
insipho lecinile

душ гел
i-gel ye-shower

шампоан за вана
insipho yemagwebu

гъба за баня
i-flannel

сифон
kwekuhambisa emanti

крем
i-cream

дезодорант
emakha emakhwapha

баня - likamelo lekugezela

огледало
sibuko

козметично огледало
sibuko lesincane

ръчна самобръсначка
i-razor

пяна за бръснене
emagwebu ekushefa

одеколон за след бръснене
kwegcobisa ngemuva kwekushefa

гребен
i-comb

четка
libhulashi

сешоар
kwekomisa tinwele

спрей за коса
kwekufutsa tinwele

грим
kwekutimomonya

червило
i-lipstick

лак за нокти
pende wetingalo

памук
i-cotton wool

ножица за нокти
sikelo setingalo

парфюм
emakha

баня - likamelo lekugezela

тоалетна чантичка
ikhwama setintfo tekugeza

табуретка
situlo

везна
sikali sesisindvo

хавлия
kwekugcoka nawugeza

домакински ръкавици
emagilavu e-rubber

тампон
i-tampon

дамски превръзки
lithawula lekuhlanta

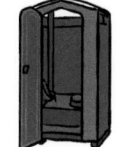
химическа тоалетна
imitsi yekukolobha umthoyi

детска стая
likamelo lemntfwana

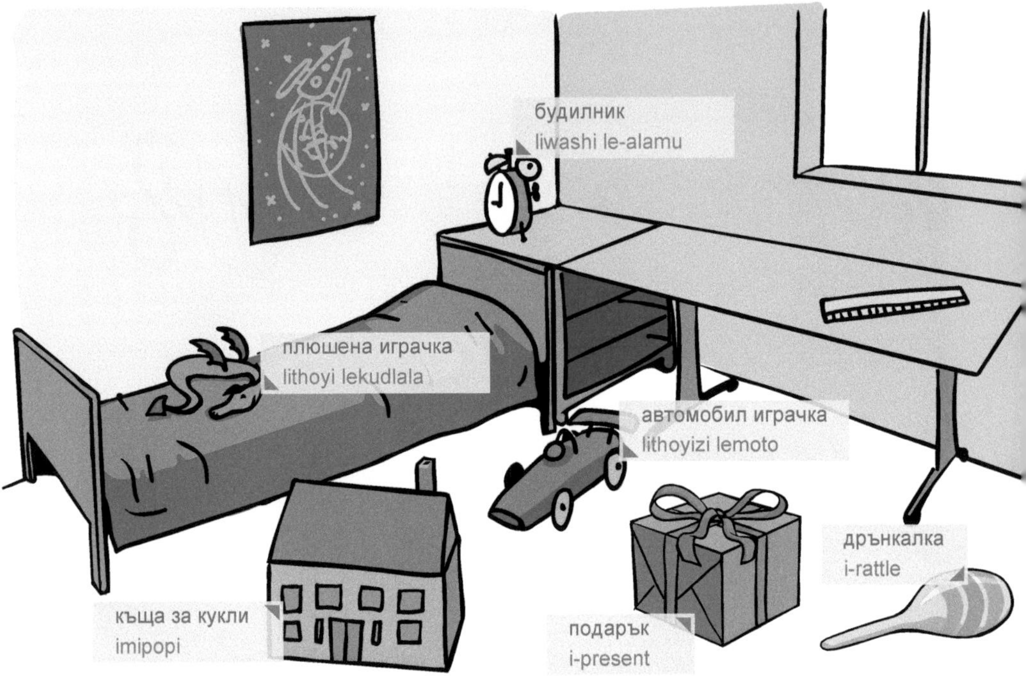

будилник
liwashi le-alamu

плюшена играчка
lithoyi lekudlala

автомобил играчка
lithoyizi lemoto

дрънкалка
i-rattle

къща за кукли
imipopi

подарък
i-present

балон

ibhaluni

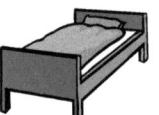

легло

umbhedze

детска количка

ipram

игра на карти

emakhadi ekudlala

пъзел

i-jigsaw

комикс

i-comic

лего елементи
emabloko e-lego

строителни елементи
emabloko ekwakha

екшън фигурка
i-actionfigure

бебешки гащеризон
kukhula kwemntfwana

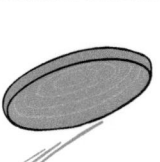

фрисби
i-frisbee

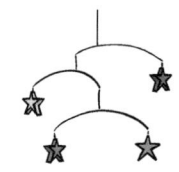

бебешки играчки за легло
i-mobile

настолна игра
ibhodi yemdlalo

зарче
lidayisi

миниатюрно влакче
isethi yemathoyizi etitimela

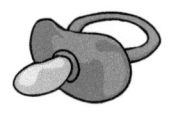

биберон
i-dummy

парти
i-party

детска книга с илюстрации
incwadzi yetitfombe

топка
ibhola

кукла
nodoli

играя
dlala

детска стая - likamelo lemntfwana

пясъчник

umgodzi wemhlabatsi

люлка

umjikeli

играчка

emathoyizi

игрова конзола

umshini wemdlalo wema-video

велосипед с три колелета

masondvontsatfu

плюшено мече

umdoli welibhele

гардероб

ihhodrobhu

облекло
timphahla tekugcoka

къси чорапи

emakawosi

дълги чорапи

ema-stockings

чорапогащник

umtjopi

облекло - timphahla tekugcoka

боди
umtimba

панталон
emabhuluko

дънки
ibhokathi

пола
sikedi

блуза
liblawosi

риза
liyembe

пуловер
i-pullover

суичър
i-hoodie

блейзър
libhantji

яке
silamba

палто
lijazi

дъждобран
lijazi lemvula

костюм
i-costume

рокля
lilogo

булчинска рокля
likogo lemshado

костюм	нощница	пижама
isudi	i-gown yasebusuku	emabhijamu

сари	кърпа за глава	тюрбан
i-sari	sikafu	i-turban

бурка	кафтан	абая
i-burqa	i-kaftan	i-abaya

бански костюм	плувни шорти	къс панталон
timphahla tekududa	ema-anda	emabhuluko lamafishane

анцуг	престилка	ръкавици
i-treksudi	liphinifa	emaglavu

облекло - timphahla tekugcoka

копче
inkinobho

очила
tibuko

гривна
buhlalu

верижка
umgaco

пръстен
indandatho

обеца
emacici

каскет
likepisi

закачалка
i-hanger yelijazi

шапка
sigcoko

вратовръзка
thayi

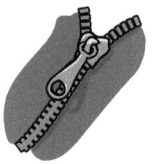

цип
iziphu

каска
sivikelo senhloko

тиранти
kwekusekela sitfo semtimba

ученическа униформа
timphahla tesikolwa

униформа
inyunifomu

облекло - timphahla tekugcoka

лигавник
i-bib

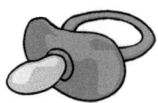
биберон
i-dummy

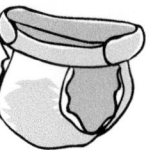
пелена
linabukeli

офис
lihhovisi

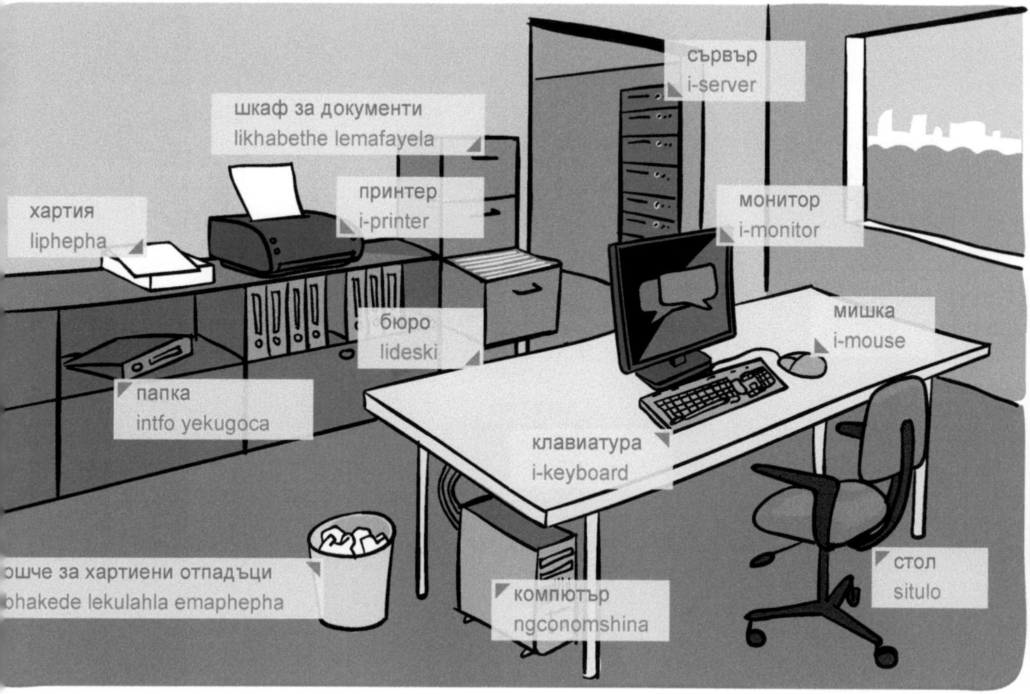

сървър
i-server

шкаф за документи
likhabethe lemafayela

принтер
i-printer

монитор
i-monitor

хартия
liphepha

бюро
lideski

мишка
i-mouse

папка
intfo yekugoca

клавиатура
i-keyboard

кошче за хартиени отпадъци
bhakede lekulahla emaphepha

компютър
ngconomshina

стол
situlo

чаша за кафе
likomishi lelikofi

джобен калкулатор
i-calculator

интернет
i-inthanethi

лаптоп
i-laptop

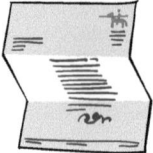

писмо
incwadzi

съобщение
umlayeto

мобилен телефон
i-mobile

мрежа
i-network

ксерокс
umshini wekwenta emakhophi

софтуер
i-software

телефон
lucingo

контакт
liplaliki lagesi

факс
umshini wekufeksa

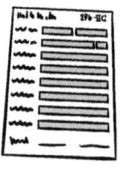

формуляр
lifomu

документ
liphepha

офис - lihhovisi

икономика
umnotfo

купувам
tsenga

плащам
bhadala

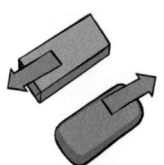

търгувам
beka imali

пари
imali

долар
li-dollar

евро
li-euro

йена
li-yen

рубла
li-rouble

швейцарски франк
i-Swiss franc

ренминби юан
i-renminbi yuan

рупия
i-rupee

банкомат
umshini wemali

обменно бюро
i-bureau de change

злато
ligolide

сребро
lisiliva

нефт
woyela

енергия
emandla

цена
linani

договор
sivumelwano

данък
umtselo

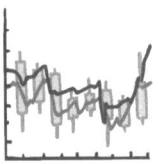

акция
sitoko

работя
sebenta

служител
sisebenti

работодател
umcashi

фабрика
ifemu

магазин за цветя
sitolo

икономика - umnotfo

професии
tikhundla

полицай
liphoyisa

пожарникар
umcimimlilo

готвач
umpheki

лекар
dokotela

пилот
umshayeli wetindiza

градинар
losebenta engadzini

мебелист
ummbati

шивачка
umtfungi

съдия
mehluleli

химик
khemisi

артист
umlingisi

професии - tikhundla

шофьор на автобус
umshayeli webhasi

шофьор на такси
umshayeli wekhumbi

рибар
umdvobi

чистачка
limedi

майстор на покриви
umfuleli

келнер
waiter

ловец
umtingeli

художник
mapendani

хлебар
umbhaki

електротехник
gesana

строителен работник
meselane

инженер
sonjiniyela

касапин
umtsengisi wenyama

тенекеджия
somaphayiphi

пощальон
lohambisa liposi

войник
lisotja

архитект
umdvwebi wemapulani

касиер
umtsengisi

цветар
umtsengisi wetimbali

фризьор
losebenta ngetinwele

кондуктор
umbhidisi

механик
mekhenikha

капитан
kaputeni

зъболекар
dokotela wematinyo

научен работник
sosayensi

равин
rabi

имàм
imam

монах
monk

свещеник
umfundisi

професии - tikhundla

инструменти
emathulusi

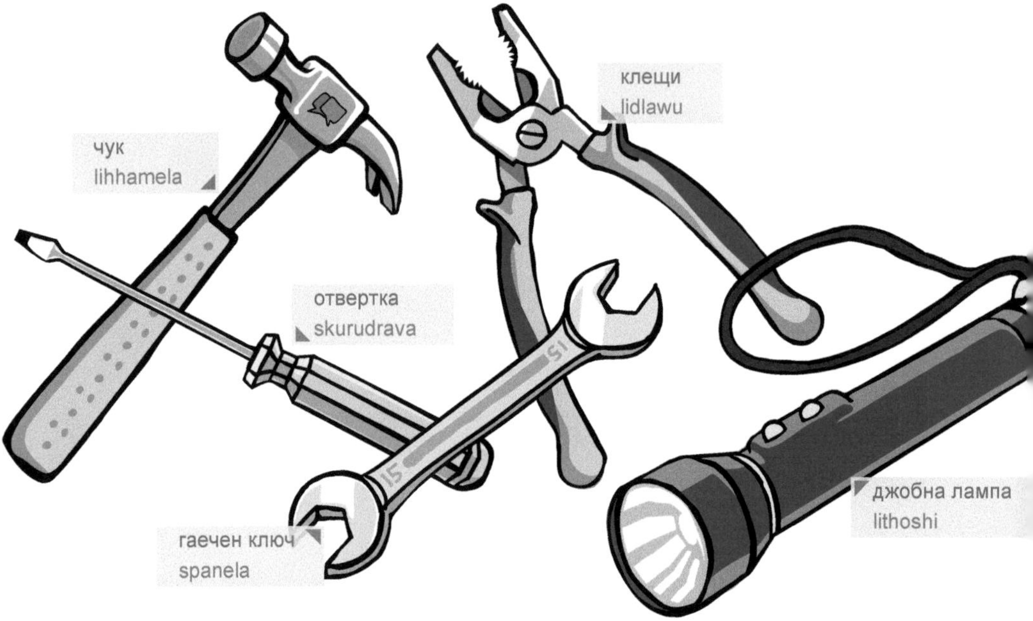

чук
lihhamela

клещи
lidlawu

отвертка
skurudrava

гаечен ключ
spanela

джобна лампа
lithoshi

багер

lifosholo

кутия за инструменти

libhokisi lemathulusi

стълба

lilele

трион

lisaha

пирони

tipikili

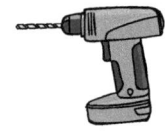

бормашина

umshini wekwenta timbobo

ремонтирам
lungisa

лопата
lifosholo

По дяволите!
i-Damni!

лопатка за смет
lipani lekuwola tibi

кутия за боя
likani lapende

болтове
tikruzi

музикални инструменти
insimbi yemculo

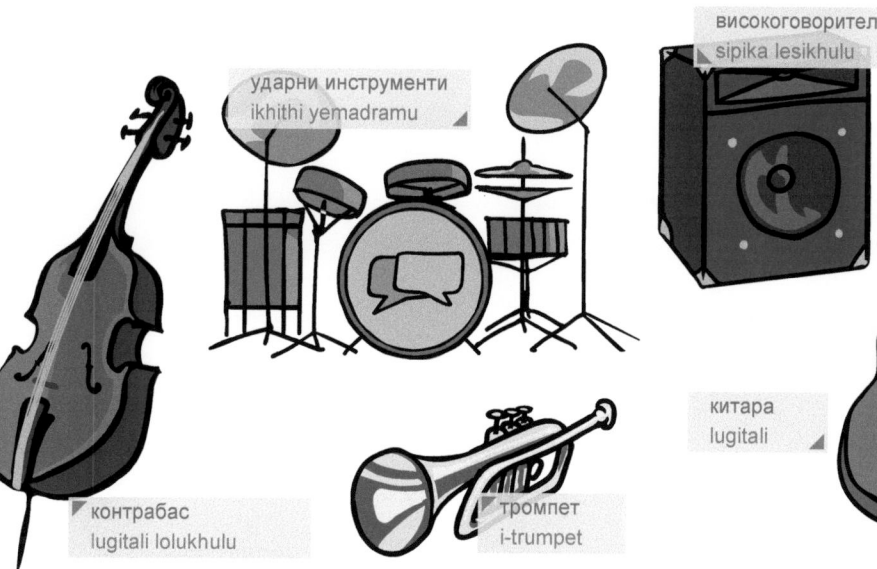

ударни инструменти
ikhithi yemadramu

високоговорител
sipika lesikhulu

китара
lugitali

контрабас
lugitali lolukhulu

тромпет
i-trumpet

пиано
i-piano

виолина
ivayolini

контрабас
ibhesi

тимпан
i-timpani

барабан
emadramu

електрическо пиано
i-keyboard

саксофон
i-saxohone

флейта
ifluthi

микрофон
umbhobho

зоологическа градина
i-zoo

тигър / ingwe
вход / umnyango wekungen
бръмбар / lihhoko
зебра / lidvuba
храна за животни / kupha tilwane kudla
панда / ipanda

животни

tilwane

слон

indlovu

кенгуру

ikangaru

носорог

bhejane

горила

igorila

мечка

libhele

камила

likamela

щраус

i-ostrishi

лъв

libhubesi

маймуна

imfene

фламинго

i-flamingo

папагал

iparoti

бяла мечка

libhele

пингвин

iphejini

акула

shaka

паун

iphigogo

змия

inyoka

крокодил

ingwenya

пазач в зоологическа градина

umgcini tilwane

тюлен

isili

ягуар

i-jaguar

зоологическа градина - i-zoo

пони
poni

леопард
ingwe

хипопотам
imvubu

жираф
indlulamitsi

орел
lusweti

диво прасе
ingulube yesiganga

риба
imfishi

костенурка
lifundvu

морж
i-warasi

лисица
jakalazi

газела
inyamatane

спорт
temidlalo

дейности
imisebenti

скачам — gcuma
прегръщам — gona
смея се — hleka
вървя — hamba
пея — hlabela
сънувам — liphupho
моля се — thantaza
целувам — cabuza

пиша
bhala

рисувам
tsatsa

показвам
khombisa

бутам
fuca

давам
nika

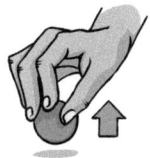

взимам
tsatsa

имам
tsatsa

правя
yenta

съм
be

стоя
sukuma

тичам
gijima

дърпам
dvonsa

хвърлям
jika

падам
wani

лежа
cala emanga

чакам
mani

нося
tsatsa

седя
hlala

обличам
yembatsa

спя
lala

събуждам се
vuka

разглеждам
buka

плача
khala

милвам
shaya

реша се
kama

говоря
khuluma

разбирам
condza

питам
buta

слушам
lalela

пия
natsa

ям
dlani

разтребвам
gcogca

обичам
tsandza

готвя
pheka

карам автомобил
shayela

летя
ndiza

дейности - imisebenti

плавам (с платна)
ntjuza

смятане
bala

чета
fundza

уча
fundza

работя
sebenta

женя се
shada

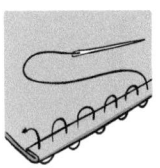

шия
tfunga

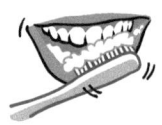

измивам си зъбите
kugeza ematinyo

убивам
bulala

пуша
bhema

изпращам
tfumela

дейности - imisebenti

семейство
umndeni

баба / gogo
дядо / mkhulu
баща / babe
майка / make
бебе / umntfwana
дъщеря / indvodzakati
син / indvodzana

посетител
sivakashi

леля
anti

чичо
malume

брат
umnaketfu

сестра
sisi

тяло
umtimba

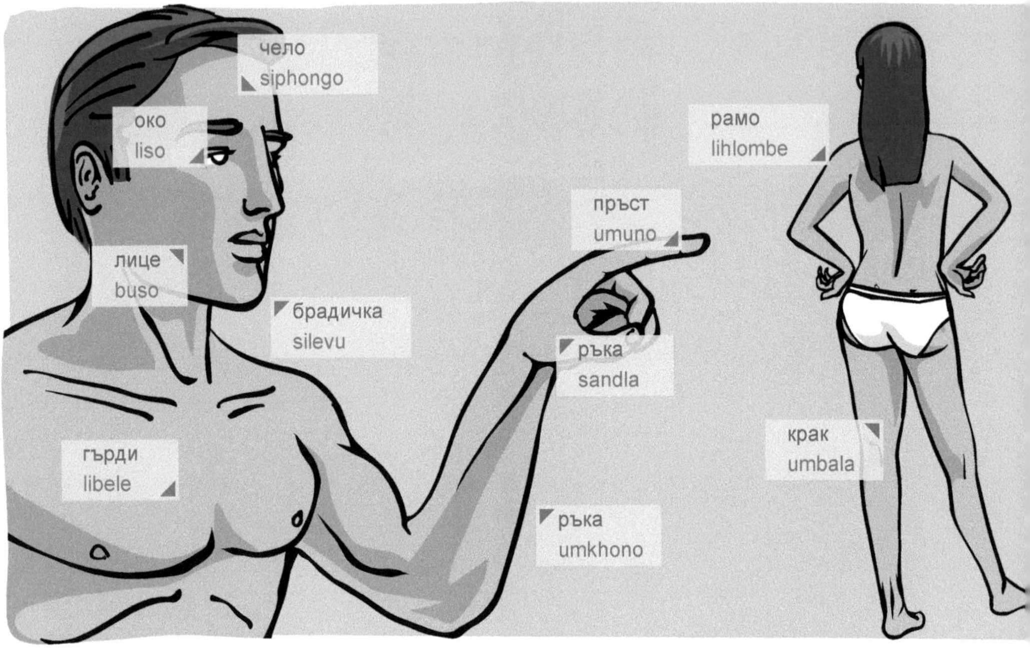

чело
siphongo

око
liso

лице
buso

гърди
libele

брадичка
silevu

рамо
lihlombe

пръст
umuno

ръка
sandla

ръка
umkhono

крак
umbala

бебе

umntfwana

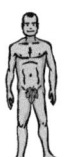

мъж

indvodza

жена

umfati

момиче

intfombatane

момче

umfana

глава

inhloko

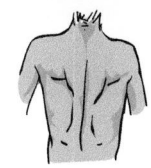

гръб
emuva

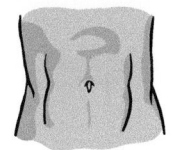

корем
umkhatjana

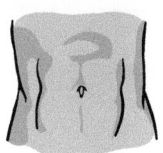

пъп
sibhono

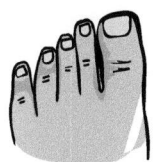

пръст на крака
luzwane

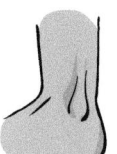

пета
sitsendze

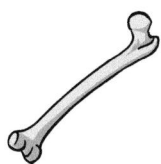

кост
litsambo

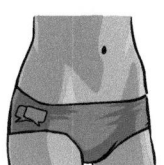

хълбок
litsanga

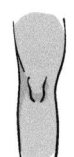

коляно
lidvolo

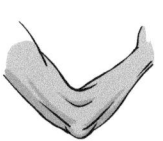

лакът
ingcosa

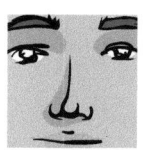

нос
imphumulo

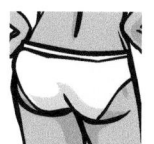

седалище
entansi

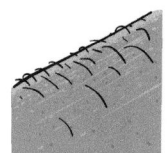

кожа
sikhumba

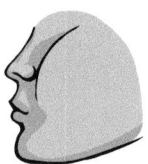

буза
sihlatsi

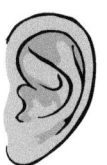

ухо
indlebe

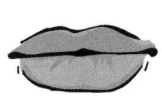

устна
indzebe

тяло - umtimba

уста
umlomo

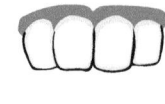
зъб
litinyo

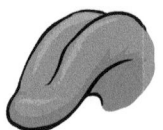
език
lilimi

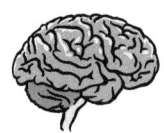
мозък
bucopho

сърце
inhlitiyo

мускул
umsipha

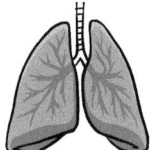
бял дроб
liphaphu

черен дроб
sibindzi

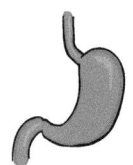
стомах
sisu

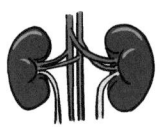
бъбреци
tinso

полово сношение
kulalana

кондом
lijazi lemkhwenyana

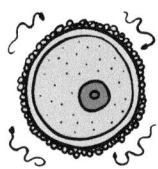
яйцеклетка
licandza lentalo

сперма
sidvodza

бременност
kukhulelwa

тяло - umtimba

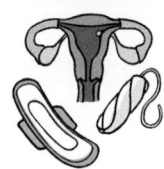

менструация
kuya esikhatsini

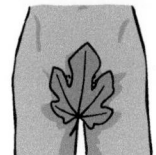

вагина
ligolo

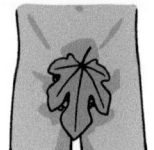

пенис
umpipi

вежда
inkhophe

коса
lunwele

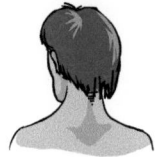

шия
intsamo

тяло - umtimba

болница
sibhedlela

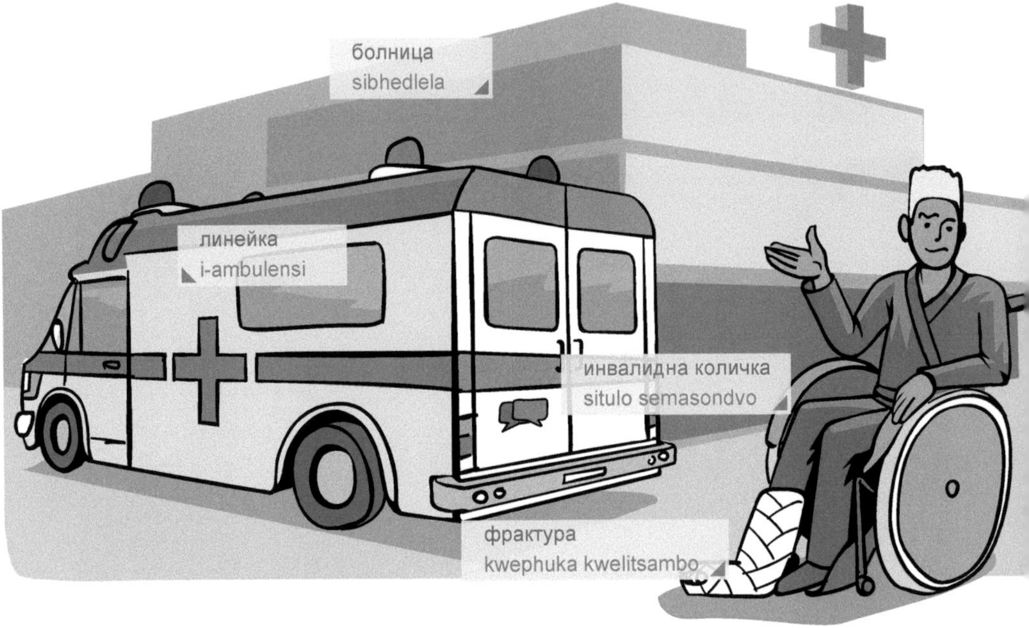

болница
sibhedlela

линейка
i-ambulensi

инвалидна количка
situlo semasondvo

фрактура
kwephuka kwelitsambo

лекар
dokotela

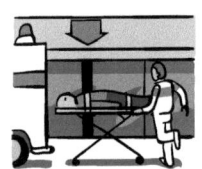

спешна хоспитализация
ligumbi letimo
letiphutfumako

медицинска сестра
nesi

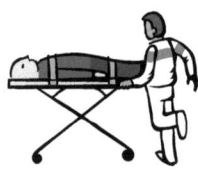

спешен случай
simo lesiphutfumako

в безсъзнание
kucaleka

болка
buhlungu

нараняване
kulimala

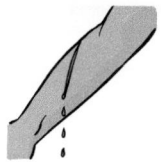

кървене
kopha

инфаркт
kuhlaselwa sifo senhlitiyo

инсулт
kufa luhlangotsi

алергия
i-aleji

кашлица
kukhwehlela

температура
kushisa

грип
umkhuhlane

диария
kusheka

главоболие
kubulawa yinhloko

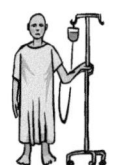

рак
umdlavuza

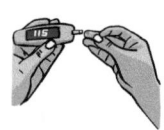

диабет
kuba nashukela

хирург
dokotela

скалпел
umukhwa wekusika wabodokotela

операция
kusikwa

болница - sibhedlela

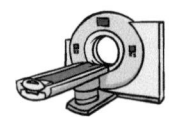

компютърна томография

i-CT

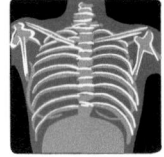

рентген

i-x ray

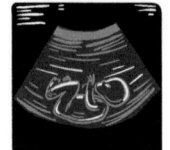

ултразвук

umsindvo

маска

sifonyo

болест

sifo

чакалня

ligumbi lekulindza

патерица

indvuku yekuhamba

пластир

i-plaster

превръзка

ibhandishi

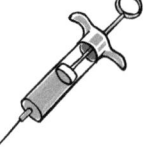

инжекция

umjovo

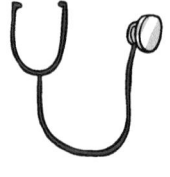

стетоскоп

lithulusi labodokotela lekulalela inhlitiyo

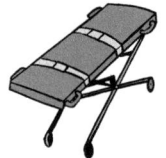

носилка

luhlaka

термометър

kwekuhlola lizinga lemuntfu lekushisa

раждане

kutalwa

наднормено тегло

kunona kakhulu

болница - sibhedlela

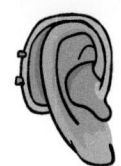

слухов апарат

tinsita tekuva etindlebeni

дезинфекционно средство

sibulali magciwane

инфекция

kwesuleleka ngesifo

вирус

ligciwane

HIV / AIDS

i-HIV / AIDS

медицина

umutsi

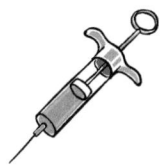

ваксинация

kugoma

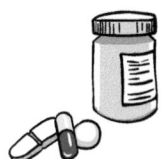

таблети

emaphilisi

противозачатъчна таблетка

liphilisi

спешно телефонно обаждане

lucingo loluphutfumako

апарат за измерване на кръвното налягане

sicaphi semfutfo wengati

болен / здрав

gula / umcemane

спешен случай
simo lesiphutfumako

Помощ!
Lusito!

сигнал за тревога
i-alamu

нападение
kuhlukumeta

атака
kuhlasela

опасност
ingoti

авариен изход
umnyango wekuphuma nakuphutfuma

Пожар!
Umlilo

пожарогасител
sicishamlilo

злополука
ingoti

комплект за оказване на първа помощ
ikhidi yelusito lwekucala

SOS
SOS

полиция
emaphoyisa

Земя
Umhlaba

Европа — i-Europe

Северна Америка — iNyakatfo YeMelika

Южна Америка — iNingizimu YeMelika

Африка — i-Afrika

Азия — i-Asia

Австралия — i-Australia

Атлантически океан — i-Atlantic

Тихи океан — i-Pacific

Индийски океан — i-Idian Ocean

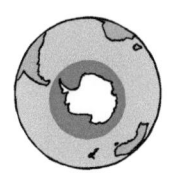  

Южен ледовит океан — i-Antarctic Ocean

Северен ледовит океан — i-Arctic Ocean

Северен полюс — Ligumbi laseNyakatfo

Южен полюс
Ligumbi laseNingizimu

Антарктида
iAntarctica

Земя
Umhlaba

суша
indzawo

море
lwandle

остров
sichingi

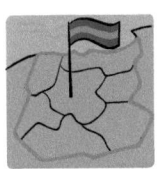

нация
sive

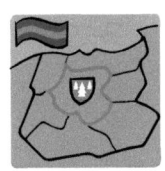

държава
umbuso

часовник
liwashi

циферблат
buso beliwashi

стрелка на часовете
li-awa

стрелка на минутите
imizuzu

стрелка на секундите
imizuzwana

Колко е часът?
sikhatsi sini nyalo?

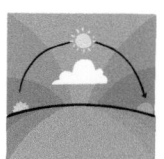

ден
lusuku

време
sikhatsi

сега
nyalo

дигитален часовник
liwashi lesimanjemanje

минута
umzuzu

час
li-awa

седмица
liviki

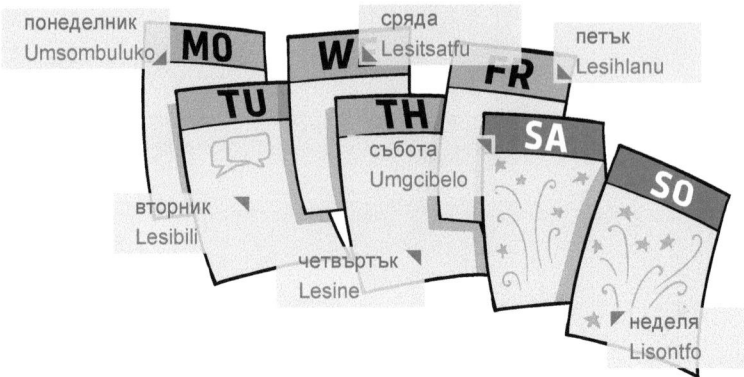

понеделник — Umsombuluko
вторник — Lesibili
сряда — Lesitsatfu
четвъртък — Lesine
петък — Lesihlanu
събота — Umgcibelo
неделя — Lisontfo

вчера
itolo

днес
lamuhla

утре
kusasa

сутрин
ekuseni

обед
emini

вечер
entsambama

работни дни
emalanga emsebenti

уикенд
imphelasontfo

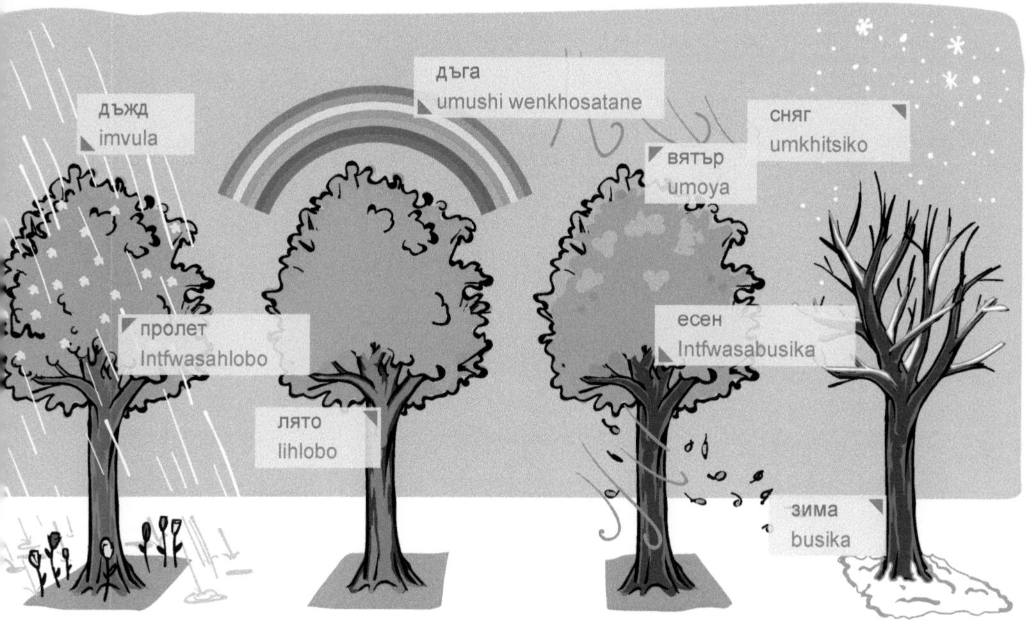

година
umnyaka

- дъжд / imvula
- дъга / umushi wenkhosatane
- сняг / umkhitsiko
- пролет / Intfwasahlobo
- вятър / umoya
- есен / Intfwasabusika
- лято / lihlobo
- зима / busika

прогноза за времето

simo selitulo

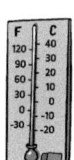

термометър

kwekuhlola lizinga lekushisa

слънчева светлина

kubalela

облак

emafu

мъгла

inkhungu

влажност на въздуха

umswakamo

светкавица
umbane

гръмотевица
umbane

буря
kudvuma lobunebungoti

градушка
sangcotfo

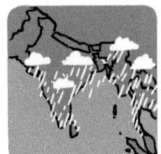

мусон
inyeti

наводнение
tikhukhula

лед
lichwa

януари
Bhimbidvwane

февруари
Indlovana

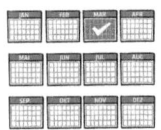

март
Indlovulenkhulu

април
Mabasa

май
Inkhwenkhweti

юни
Inhlaba

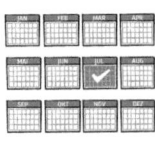

юли
Kholwane

август
Ingci

година - umnyaka

септември

Inyoni

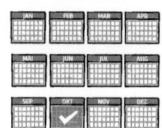

октомври

Imphala

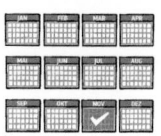

ноември

Lweti

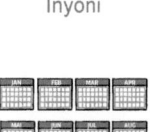

декември

Ingongoni

форми
kubumbeka kwetintfo

кръг

indingiliza

квадрат

sikwele

четириъгълник

umdvwebo lonetinhlangotsi letindze letilinganako

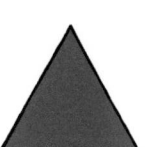

триъгълник

ncantsatfu

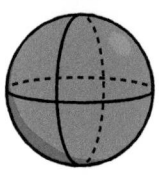

сфера

i-sphere

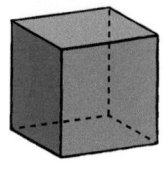

куб

ikhiyubhu

цветове
imibala

бял
kumhlophe

жълт
phuti

оранжев
sheli

розов
kupinki

червен
kubovu

лилав
kunsomi

син
luhlata

зелен
luhlata njengetjani

кафяв
loku-brown

сив
mtfubi

черен
mnyama

противоположности
lokwehlukile

много / малко
kunyenti / kuncane

ядосан / спокоен
kutfukutsela / kwehlisa umoya

красив / грозен
buhle / bubi

начало / край
sicalo / siphetfo

голям / малък
bukhulu / buncane

светъл / тъмен
kukhanya / bumnyama

брат / сестра
bhuti / sisi

чист / мръсен
kuhloba / kungcola

пълен / непълен
kuphelela / kungapheleli

ден / нощ
imi / busuku

мъртъв / жив
kufa / kuphila

широк / тесен
kubanti / kuncane

ядлив / неядлив
lokudliwako / lokungadliwa

сърдит / любезен
inhlitiyo lembi / umusa

развълнуван / скучаещ
kutsakasa / kudvumala

дебел / тънък
sidudla / umcondvo

най-напред / най-накрая
kwekucala / kwekugcina

приятел / враг
umngani / sitsa

пълен / празен
kugcwala / kute lutfo

твърд / мек
kucina / kutsamba

тежък / лек
kusindza / kulula

глад / жажда
kulamba / koma

болен / здрав
gula / umcemane

нелегален / легален
kungabi semtsetfweni / kuba semtsetfweni

интелигентен / глупав
kuhlakanipha / bulima

ляво / дясно
sencele / sekudla

близо / далече
dvutane / khashane

нов / употребяван
lokusha / lokudzala

нищо / нещо
kute lutfo / kunalokutsite

стар / млад
budzala / busha

вкл. / изкл.
kuyasebenta / akusebenti

отворен / затворен
kuvulekile / kuvalekile

тих / силен (звук)
kuthula / umsindvo

богат / беден
kunjinga / kuphuya

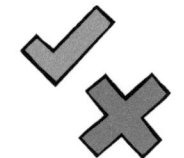

правилен / погрешен
kulungile / akukalungi

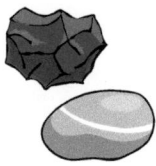

грапав / гладък
kuyahhedla / kuyashelela

тъжен / щастлив
kuva buhlungu / kujabula

дълъг / къс
kufishane / kudze

бавен / бърз
kunwabuka / kushesha

мокър / сух
kumanti / komile

топъл / студен
kufutfumele / kusivuvu

война / мир
imphi / kuthula

противоположности - lokwehlukile

числа
tinombolo

0 нула — indilinga

1 едно — kunye

2 две — kubili

3 три — kutsatfu

4 четири — kune

5 пет — sihlanu

6 шест — sitfupha

7 седем — sikhombisa

8 осем — siphohlongo

9 девет — yimfica

10 десет — lishumi

11 единадесет — lishumi nakunye

12
дванадесет
lishumi nakubili

13
тринадесет
lishumi nakutsatfu

14
четиринадесет
lishumi nakune

15
петнадесет
lishumi nesihlanu

16
шестнадесет
lishumi nesitfupha

17
седемнадесет
lishumi nesikhombisa

18
осемнадесет
lishumi nesiphohlongo

19
деветнадесет
lishumi nemfica

20
двадесет
emashumi lamabili

100
сто
likhulu

1.000
хиляда
inkhulungwane

1.000.000
милион
sigidzi

езици
tilwimi

английски

Singisi

американски английски

Singisi saseMelika

китайски мандарин

SiMandarini seseShayina

хинди

SiHindi

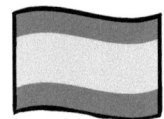

испански

Sipanishi

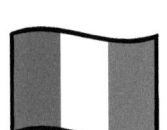

френски

SiFulentji

арабски

Si-Arabu

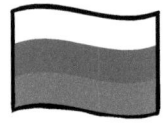

руски

SiRashiya

португалски

SiPhuthukezi

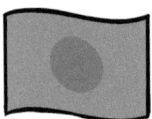

бенгалски

SiBhengali

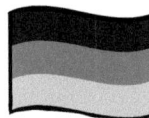

немски

SiJalimane

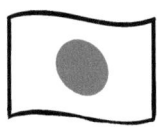

японски

SiJapane

кой / какво / как
ngubani / ini / njani

аз
Mine

ти
wena

той / тя / то
yena / yona

ние
tsine

вие
nine

те
bona

кой?
bani?

какво?
ini?

как?
njani?

къде?
kuphi?

кога?
nini?

име
libito

къде
kuphi

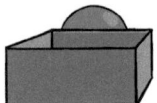

зад
ngemuva

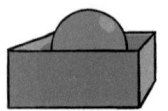

в
ekhatsi

пред
embi kwe

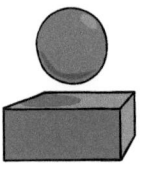

над
ngenhla

върху
etulu

под
ngephansi

до
eceleni

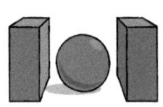

между
emkhatsini

място
indzawo